MITOS
POESÍA

Neruda, *Poesía de amor*
Pessoa, *42 poemas*
Bukowski, *20 poemas*
Safo

SAFO

La poetisa más antigua de la historia europea
nació en Lesbos, probablemente en Mitilene,
la ciudad más importante de la isla,
en torno al año 600 antes de Cristo. Su padre se llamaba
Scamandro, Cleide la madre. Se casó y tuvo una hija.
Aparte de estos datos poco sabemos de la vida de
Safo, excepto que giraba en torno a un
exclusivo círculo de amigas. Su poesía, destinada
a ser cantada con el acompañamiento de la lira o algún
otro instrumento de cuerda, surge en buena
medida como correlato a la «casa de las servidoras
de las Musas», asociación femenina dedicada
al culto a Afrodita que la poetisa dirigía.
La obra de Safo es una de las cumbres de la
poesía universal de todos los tiempos,
y entre sus admiradores se cuentan autores
del renombre de Platón, Petrarca, Ronsard,
Leopardi, Byron o Rilke.

SAFO

Traducción de
Juan Manuel Rodríguez Tobal

MONDADORI

Selección de Oliva Merckens
febrero 1998

ISBN: 84-397-0205-1
Depósito legal.M-928/98
Impreso y encuadernado en Mateu Cromo
Artes Gráficas, S.A., Ctra. de Fuenlabrada, s/n.
Pinto (Madrid)

SAFO

Inmortal celeste, de ornado trono,
dolotrenzadora, Afrodita, atiende:
no atormentes más con pesar y angustias
mi alma, señora,

sino ven aquí, si mi voz de lejos
otra vez oíste y me escuchaste
y dejando atrás la dorada casa
patria viniste,

tras uncir el carro: gorriones lindos
a la negra tierra tiraban prestos
con sus fuertes alas batiendo el aire
desde los cielos.

Y llegaron pronto, y tú, dichosa,
con divino rostro me sonreías
preguntando qué me pasaba, a qué otra
vez te llamaba

y que qué prefiero que en mi alma loca
me suceda ahora: «¿A quién deseas
que a tu amor yo lleve? Ay dime, Safo,
¿quién te hace daño?

Pues, si huyó de ti, pronto irá a buscarte;
si aceptar no quiso, dará regalos;
te amará bien pronto, si no te ama,
aun sin quererlo».

Ven también ahora y de amargas penas
líbrame, y otorga lo que mi alma
ver cumplido ansía, y en esta guerra,
sé mi aliada.

Desde Creta ven, Afrodita, aquí
a este sacro templo, que un bello bosque
de manzanos hay, y el incienso humea
    ya en los altares;

suena fresca el agua por los manzanos
y las rosas dan al lugar su sombra,
y un profundo sueño de aquellas hojas
    trémulas baja;

pasto de caballos, el prado allí
lleno está de flores de primavera
y las brisas soplan oliendo a miel...

Ven, Chipriota, aquí y, tras tomar guirnaldas,
en doradas copas alegremente
mezclarás el néctar para escanciarlo
    con la alegría.

...
y que amarga, oh Cipris, te encuentre Dórica,
y que no se jacte diciendo que éste
por segunda vez regresó a un amor
    que él añoraba.

Dicen que una tropa de carros unos,
otros que de infantes, de naves otros,
es lo más hermoso en la negra tierra;
    que uno ama.

Y es sencillo hacer que cualquiera entienda
esto, pues Helena, que aventajaba
en belleza a todos, a su marido,
    alto en honores,

lo dejó y se fue por el mar a Troya,
y ni de su hija o sus propios padres
quiso ya acordarse, pues fue llevada
...

...
y esto me recuerda que mi Anactoria
    no está presente,

de ella ver quisiera su andar amable
y la clara luz de su rostro antes
que a los carros lidios o a mil guerreros
  llenos de armas.

En mi sueño cerca se me aparece
tu graciosa imagen, sagrada Hera,
la que los ilustres reyes Atridas
    vieron con ruegos;

pues llegado el fin de la empresa de Ares,
junto al Escamandro voraginoso,
no pudieron ir desde aquí sus naves
    hasta su casa

sin hacer ofrendas a ti y a Zeus
y al amable dios que engendró Tiona.
Sacrificios puros te ofrece el pueblo
    hoy como entonces:

las doncellas traen un hermoso peplo
y a tu altar se agrupa junto con ellas
la apretada fila de las mujeres ...
...

...
muéestrate, Gongula, que aquí te llamo,
ven con tu vestido color de leche:
¡cómo vuela ahora el deseo en torno
  a tu belleza!

pues con sólo ver tu pequeña capa
siento ya el hechizo, y estoy contenta
de que sea la diosa nacida en Chipre
  quien te reprocha...

...
y cuando te miro de frente creo
que jamás Hermíona fue tan bella
y que no está mal que a la rubia Helena
    yo te compare...

…
y la noche entera con sus canciones
celebrando pasan tu amor las vírgenes
y el de tu mujer de florido seno,
    junto a la puerta;

mas, despierta, novio, que los amigos
de tu edad te esperan; puese deseamos
ver hoy menos sueño que los pardales
    gorgoriteantes.

Me parece igual a los dioses ese
hombre que ahora está frente a ti sentado,
y tu dulce voz a tu lado escucha
mientras le hablas

y tu amable risa; lo cual, te juro,
en mi pecho el alma saltar ha hecho:
pues te miro apenas y mis palabras
ya no me salen

se me queda rota la lengua y, suave,
por la piel un fuego me corre al punto,
por mis ojos ya nada veo, y oigo
sólo un zumbido,

me destila un frío sudor y entera
un temblor me apresa, y cual la paja
amarilla estoy y mi muerte siento
   poco alejada.

Pero todo habrá que sufrirlo, incluso...

De la hermosa luna los astros cerca
hacia atrás ocultan luciente el rostro
cuando aquella brilla del todo llena
sobre la tierra…

…y echo yo de menos y ansiosa busco…

…y un hermoso adorno de piel de Lidia
sus pies cubría…

…mas hacia vosotras mi pensamiento,
bellas, no cambia…

…y sobre un blando colchón tenderé yo mis
miembros…

...me ha agitado el Amor los sentidos
como en el monte se arroja a los pinos el viento.

...yo te buscaba y llegaste,
y has refrescado mi alma que ardía de ausencia.

Me he enamorado de ti hace, Atis, ya tiempo;
me pareciste una niña bajita y sin gracia…

Sólo es hermoso el hermoso cuando alguien lo mira,
mas si también bueno es, lo será de por vida.

Qué puedo hacer, no lo sé: mis deseos son dobles.

...no es que pretenda tocar ¿con las manos? el cielo.

...Con los brazos de flor,
 Gracias, venid,
 hijas de Zeus, aquí...

Bajo tierra estarás,
 nunca de ti,
 muerta, memoria habrá

ni añoranza; que a ti
 de este rosal
 nada las Musas dan;

ignorada también,
 tú marcharás
 a esa infernal mansión,

y volando errarás,
 siempre sin luz,
 junto a los muertos tú.

...pienso yo que jamás
joven habrá
viendo la luz del sol,

que se pueda decir
que en su saber
se te parezca a ti...

...ponte guirnaldas, oh Dica, por tus graciosos
cabellos
tras enlazar con tus manos suaves los tallos de eneldo,
que hasta las flores las Gracias siempre felices se
acercan,
pero rechazan la vista de quien guirnaldas no lleva.

Mnasídica, tú eres más bella que la blanda Guirino…

Más desdeñosa que tú, Irana, no sé de ninguna.

...
de verdad que morir yo quiero
pues aquella llorando se fue de mí.

Y al marchar me decía: Ay, Safo,
qué terrible dolor el nuestro
que sin yo desearlo me voy de ti.

Pero yo contestaba entonces:
No me olvides y vete alegre
sabes bien el amor que por ti sentí,

y, si no, recordarte quiero,
por si acaso a olvidarlo llegas,
cuánto hermoso a las dos nos pasó y feliz:

las coronas de rosas tantas
y violetas también que tú
junto a mí te ponías después allí,

las guirnaldas que tú trenzabas
y que en torno a tu tierno cuello
enredabas haciendo con flores mil,

perfumado tu cuerpo luego
con aceite de nardo todo
y con leche y aceite del de jazmín.

recostada en el blando lecho,
delicada muchacha en flor,
al deseo dejabas tú ya salir.

Y ni fiesta jamás ni danza,
ni tampoco un sagrado bosque
al que tú no quisieras conmigo ir.
...

...Gongula...
...
y me asalta un deseo de morir
y, floridas de loto, bañadas de rocío,
ver al fin las riberas del Aqueronte...
...

(a)

...la que a mí me parió decía
que era hermoso en su juventud
el que alguna llevara trenzas
anudadas con lazos rojos;
y en verdad que era un bello adorno.
Pero más que una antorcha tienes
el cabello amarillo tú,
y es mejor si lo adornas sólo
con coronas de frescas flores.
No hace mucho que una diadema
desde Sardes multicolor
...

(b)

Yo no tengo, mi Cleis, de dónde
para ti conseguir ahora
la diadema de mil colores
...

Ay, dulce madre, no puedo tramar la lanzadera,
muerta de amor por un niño por culpa de Afrodita.

Héspero, traes todo aquello que Aurora luciente
    sacara:
traes a la oveja, traes a la cabra; de su madre a la hija
    la apartas.

Como la dulce manzana rojea en la rama más alta,
alta en la más alta punta y la olvidan los cosechadores.
Ah, pero no es que la olviden, sino que alcanzarla no
pueden.

Igual que al jacinto en el monte los hombres pastores
lo pisan dejando en el suelo sangrienta la flor...

¿Quiero guardar todavía mi doncellez?

Vamos, arriba el techo
¡Himeneo!
subídmelo ya, carpinteeros:
¡Himeneo!
viene ahora un novio que es como Ares
¡Himeneo!
mucho más alto que un hombre alto.

Doncella

Ay doncellez, doncellez, ¿hacia dónde, dejándome, marchas?

Doncellez

No volveré junto a ti, no volveré nunca más.

¿A quién, novio, podría yo bien compararte?
A un sarmiento frondoso de vid te comparo.

¡Habla, lira divina, y de cantar no dejes...!

Sigue siendo mi amigo
pero busca una esposa más fresca,
que vivir no podría contigo
siendo yo la más vieja.

...a una muchacha yo vi, tierna, que flores cogía...

...ahora mismo la Aurora de sandalias de oro...

...dormirías sobre el pecho de una blanda amiga...

(a) Te olvidate ya de mí...
(b) ...o es que más que a mí tal vez
amas a alguna persona?

Me estremece de nuevo desatador,
...agridulce alimaña invencible, Amor.

Bella niña yo tengo igual que flores de oro
por su gran hermosura, mi bienamada Cleis;
no la cambio por Lidia ni por la deseable...

Andrómeda tiene una hermosa respuesta.
Ay, Safo, ¿por qué a la dichosa Afrodita…?

He conversado en sueños con la diosa de Chupre...

Y ¿por qué a mí la amable golondrina, la hija de Pandión...?

(a) Quisiera decir algo, mas el pudor me impide.

(b) Si tuvieras deseos de bondad y belleza
y no fuera algo malo lo que tu lengua agita,
no tendrías pudor entre los ojos,
y hablarías de ello limpiamente.

Muchachas
Citerea, ha muerto el tierno Adonis; ay, ¿qué haremos?
Afrodita
Golpeaos, muchachas, y rasgad vuestros vestidos.

Riqueza si no es con virtud
          es peligrosa vecina,
en cambio la unión de las dos
          lleva a la más alta dicha.

...de noche el negro sueño a nuestros ojos...

Salía la luna llena y ellas
en torno al altar en pie quedaron.

Cuando la ira se esparce por el pecho
hay que frenar la lengua charlatana.

...y a mis compañeras hermosos cantos
cantaré yo ahora para alegrarlas...

Como un niño he volado junto a la madre.

...así las cretenses con pies delicados
en torno al altar hermoso bailaban
buscando la dulce flor de la pradera...

Las Pléyades ya se esconden,
la luna también, y media
la noche, las horas pasan,
y voy a acostarme sola.

¿Cuántos libros sueles comprar al año? ...

¿Dónde has adquirido este libro?
☐ Librería ☐ Quiosco ☐ Grandes superficies ☐ Otros

¿Cómo has conocido la colección?
☐ TV ☐ Prensa ☐ Amigos
☐ Librería ☐ Quiosco ☐ Otros ...

¿Te gusta la portada de los libros? ☐ Sí ☐ No
¿Te gusta el formato de los libros? ☐ Sí ☐ No

Indica cuál de estos factores te han influido más a la hora de comprar el libro:
☐ Precio ☐ Autor ☐ Contenido ☐ Presentación

¿Has comprado otros títulos de la colección?
☐ Sí ☐ No ¿Cuántos? ...

☐ Hombre ☐ Mujer

Edad:
☐ 13-17 ☐ 18-24 ☐ 25-34
☐ 35-44 ☐ 45-54 ☐ más de 54
Estudios:
☐ Primarios ☐ Secundarios ☐ Universitarios